Barbara Veit

Lilli
der Schmetterling

Mit Bildern von
Ines Joch

ANNETTE BETZ

Lilli, der Schmetterling, rollte langsam den langen Rüssel aus und schlürfte voll Behagen. Sie saß auf einer matschigen Birne im Garten von Herrn Blume und ihre Flügel zitterten, so wohl fühlte sie sich. Die Sonne schien warm, aber nicht zu warm ... richtig angenehm!

Lilli mochte es nicht, wenn die Sonne zu warm schien. Das machte sie nervös. Sie hatte dann Angst, auszutrocknen! Einfach zu verdorren – wie ein Blatt! Wäre es nicht jammerschade, wenn ein so wunderbarer Schmetterling wie Lilli einfach vertrocknen würde? Deshalb war Lilli auf der Hut vor heißer Sonne. Außerdem wusste sie stets, wo es etwas zu trinken gab. Wer trinkt, trocknet nicht aus!

Im Garten von Herrn Blume gab es immer Wasser. Da war zum Beispiel das Vogelbad – aber da musste man vorsichtig sein, weil Vögel zu den absoluten Feinden von Schmetterlingen gehören! Vögel sind nämlich der Meinung, dass Schmetterlinge essbar sind! Lilli war absolut nicht dieser Meinung.

Aber ansonsten war Herrn Blumes Garten wirklich ein kleines Paradies für Lilli und all die anderen Schmetterlinge ...

Es gab in diesem Garten nämlich nicht nur köstliche angematschte Birnen und Äpfel, es wuchsen auch drei Schmetterlingsbüsche dort, deren Blüten süß wie Honig dufteten. Außerdem hatte Herr Blume hinter dem Haus eine Wildblumenwiese angelegt, weil er Schmetterlinge ganz besonders liebte. Dort blühten Glockenblumen und Margeriten, verschiedene Kleesorten, wilde Möhren und Lichtnelken. Deshalb flatterten und schwebten unzählige bunte Flieger durch den Garten und über das Hausdach. Sie saßen in den Büschen, auf den Blüten und an der Hauswand.

Manchmal versuchte die Katze einen Schmetterling zu fangen, aber dann schimpfte Herr Blume – und das tat er sonst nie!

Lilli passte sehr genau auf die Katze auf, denn auch wenn sie mit geschlossenen Augen in der Sonne döste ... Kaum gaukelte Lilli an ihr vorbei, sprang sie auf und schlug mit den Pfoten nach ihr. Lilli konnte sehr gut fliegen, deshalb fürchtete sie die Katze nicht besonders. Nein, Katzen hatten sogar etwas Gutes, denn ab und zu konnte sie aus ihrem Milchnapf naschen. Lilli mochte Milch! Sie war beinahe so süß wie das Honigwasser, das Herr Blume seinen Schmetterlingen als Leckerbissen in eine flache Schale goss.

In diesem sonnigen Herbst gab es im Garten von Herrn Blume besonders viele Admiral-Schmetterlinge. Lilli kümmerte sich zwar nicht sehr um die anderen, aber vielleicht ahnte sie trotzdem, dass alle Admirale mit ihr verwandt waren.

Doch genau kann man das bei Schmetterlingen nicht wissen. Dass hier besonders viele Admirale lebten, lag auch ein bisschen an Herrn Blume. Er hatte nämlich in einer Ecke seines Gartens ein Brennnesselfeld stehen lassen.

Viele Leute mögen Brennnesseln gar nicht, aber vielleicht liegt es daran, dass sie keine Ahnung haben, wozu man Brennnesseln braucht. Marienkäfer zum Beispiel lieben Brennnesseln, weil da meistens schwarze Blattläuse herumkrabbeln, und Marienkäfer fressen gern Blattläuse. Igel und Mäuse verstecken sich zwischen den hohen Stängeln, aber Schmetterlinge brauchen Brennnesseln ganz unbedingt! Na ja, nicht alle ... aber viele. Admirale zum Beispiel oder Tagpfauenaugen, Distelfalter, Weiße Tigermotten, Kleine Füchse, C-Falter, Landkärtchen und viele andere.

Lilli und ihre Verwandten kamen nämlich nicht als Schmetterlinge auf die Welt, sondern als winzige Eier, die unten an einem Brennnesselblatt klebten. Nicht einfach so, natürlich: Frau Admiral-Schmetterling hatte sie dorthin geklebt. Die Entwicklung vom Ei bis zum Schmetterling ist wie ein geheimnisvolles Wunder.

In diesen winzig kleinen Schmetterlingseiern wuchsen winzig kleine Raupen heran. Als die Eier zu eng wurden, platzten die Schalen und die winzig kleinen Raupen krochen auf das Brennnesselblatt. Sie sahen überhaupt nicht aus wie Schmetterlinge, eher wie seltsame haarige Würmer. Irgendwie erinnerte Lilli sich noch an das Gefühl, eine Raupe zu sein. Eigentlich zwei Gefühle: Riesenhunger und Riesenvorsicht!

Genau wie ihre Verwandten mampfte auch Lilli den ganzen Tag und auch nachts Brennnesselblätter. Am sichersten war es, wenn man dabei unter dem Blatt saß, dann konnte man nicht so leicht gesehen werden.

Sie erinnerte sich dunkel an gefährliche Käfer, die hinter ihr her waren – dagegen half: sich fallen lassen. Einfach weg! Es gab auch Riesenvögel, so genannte Meisen, die sogar unter die Blätter guckten. Da blieb ebenfalls nur eines: Zusammenrollen und wegtauchen!

Manchmal reichte es, wenn Lilli ganz schnell davonkroch. Das ging so: Hinterleib anziehen, krummer Rücken, Vorderleib lang machen! Hinterleib anziehen und so weiter!
Wenn Lilli als Raupe so groß wie wir gewesen wäre, dann hätten alle sich vor ihr gefürchtet, denn eigentlich sehen Raupen ziemlich unheimlich aus. Aber weil sie so klein sind, fürchtet sich niemand vor ihnen!

Nicht nur Lillis Verwandten fraßen sich an den Brennnesseln in Herrn Blumes Garten satt. Da wuselten auch viele andere Raupen herum, in allen Farben und Formen.

Manche konnten sich abseilen wie Spinnen, andere hatten ein Fell, wieder andere gelbe Flecken oder Stacheln. Es war eine lustige Schar von kleinen »Ungeheuern«. Niemand, wirklich niemand würde denken, dass aus diesen gefräßigen kleinen Walzen einmal anmutige Schmetterlinge werden können.

1. Raupe des Admirals
2. Raupe der Weißen Tigermotte
3. Raupe des Kleinen Fuchses
4. Raupe des Tagpfauenauges
5. Raupe des Landkärtchens
6. Raupe des Distelfalters
7. Raupe des C-Falters
8. Raupe des Kleinen Heufalters
9. Blattläuse
10. Krabbenspinne
11. Marienkäfer

Lilli erinnerte sich an etwas sehr Unangenehmes.
Es hing ebenfalls mit der Zeit zusammen, als sie
noch eine Raupe war. Jetzt fiel es ihr wieder ein:
Dieses unangenehme Gefühl, gleich zu platzen!
Einfach »peng«! Weil sie so viel gefressen hatte,
dass ihre Haut zu eng wurde. Dieses Gefühl
war so schrecklich, dass ihr der
Appetit verging. Ganz still saß die
kleine Lilli-Raupe auf einem Blatt
und rührte sich nicht mehr.

Wenn sie sich nicht rührte und nichts mehr fraß,
würde sie vielleicht nicht platzen, dachte sie.
Es half aber nichts! Sie platzte trotzdem!

Doch dann geschah etwas ganz Unglaubliches!
Lilli konnte aus ihrer alten Haut krabbeln und
hatte auch bereits eine nagelneue an, die
groß genug war, um ganz viele
Brennnesselblätter zu mampfen.
Da streckte Lilli-Raupe sich
ganz lang aus, denn endlich
hatte sie wieder Platz in ihrer
Haut. Die alte Haut blieb
einfach auf dem Blatt
liegen, wie ein Mantel,
den Lilli-Raupe
abgestreift hatte.
Irgendwann wehte
der Wind sie davon.
Viermal platzte Lilli,
solange sie eine
Raupe war. Jedes Mal erschrak sie
wieder und konnte nichts fressen. Es ist eben
nicht so einfach, zu platzen. Da half es auch
nichts, dass alle anderen Raupen ebenfalls
platzten.

Eines Tages aber, mitten im Sommer, verging
Lilli-Raupe die Lust auf Brennnesselblätter. Sie
hatte eigentlich zu gar nichts mehr Lust, fühlte
sich sehr müde und wollte nur noch schlafen.
Vermutlich würde sie gleich wieder platzen, aber
dazu hatte sie auch keine Lust!
Nur eines wusste sie: Ehe sie einschlief, musste
sie unbedingt ihr Hinterteil an einen Brenn-
nesselstängel kleben und ihr Vorderteil ebenfalls. Das war ganz schön mühsam! Lilli-Raupe
musste sich dazu richtig verrenken. Ein Glück,
dass sie klebrige Fäden ausspucken konnte – sie
hatte ihren eigenen Kleber in der Backe!

Endlich hatte sie es geschafft und hing plötzlich
in einer Art Hängematte, allerdings nicht waage-
recht, sondern senkrecht. Wieder platzte ihre
Haut, aber das kannte sie ja schon – doch was
jetzt kam, das kannte sie nicht. Lilli-Raupe ver-
wandelte sich in ein merkwürdiges, eckiges,
schrumpeliges Ding, das aussah wie ein altes
Blatt. »Puppe« wird so etwas genannt, aber
das wusste Lilli natürlich nicht. In dieser
Puppe geschah etwas Wunderbares:
Lilli-Raupe bekam statt ihres
Nagemäulchens einen langen Rüssel,
einen dicken Kopf mit Augen und
Fühlern, sechs Beine wuchsen ihr ebenfalls, und das Erstaunlichste waren die
großen Flügel, die aus ihrer Seite sprossen.
All das wusste Lilli aber nicht, denn sie
schlief wie eine verzauberte Prinzessin.

Ganz genau erinnerte sich Lilli aber an den Augenblick, da sie wieder aus dem langen Schlaf erwachte, der sie so sehr veränderte. Es war ein bisschen wie im Märchen, wenn eine Fee etwas mit ihrem Zauberstab berührt. Lilli bewegte sich, wollte kriechen wie eine Raupe, aber es ging nicht. Zwar platzte schon wieder etwas – aber diesmal war es nur die äußere Haut der Puppe. Lilli schob sich irgendwie heraus und saß endlich zitternd auf einem Blatt. Sie fühlte sich – eigentlich wie neugeboren, aber noch sehr steif.

Ganz langsam bewegte sie ihre neuen Beine, tastete mit ihren Fühlern, rollte erstaunt ihren langen dünnen Rüssel aus und entdeckte dann endlich ihre Flügel. Die waren noch ganz zerknautscht, aber Lilli wollte sie unbedingt sofort ausprobieren. Sie breitete sie aus, so gut es ging, klappte sie mehrmals auf und zu, kippte vom Blatt, trudelte hinaus in die helle Sonne und landete kopfüber auf einer Mauer. Die Steine der Mauer waren warm, das half Lilli beim Entfalten der Flügel. Zum Glück, denn gerade als sie wieder abflog, sauste eine grüne Smaragdeidechse aus einem kleinen Loch zwischen den Steinen und wollte sie fangen. Lilli flog eine wilde Kurve und dann nach oben. – Gerettet!

Natürlich hatte Lilli keine Ahnung, dass sie in Südfrankreich zur Welt gekommen war, ganz in der Nähe des Mittelmeeres. Sie genoss die milde Frühlingsluft, naschte mit ihrem Rüssel den Nektar der Blüten und fand das Leben sehr angenehm. Fliegen war wirklich ganz anders als kriechen ... auch wenn sie keine Ahnung hatte, warum sie plötzlich fliegen konnte.

Manchmal allerdings war das Leben auch sehr gefährlich: Einmal wäre Lilli um ein Haar in die Fänge einer Gottesanbeterin geraten. Lilli hatte sie für einen Grashalm gehalten. Zitternd flüchtete sich Lilli auf einen Orangenbaum. Ein paar Tage später brach ein heftiger Sturm aus und Lilli wurde aufs Meer hinausgeweht. Knapp über den Wellenbergen flatterte sie dahin. Es gab keinen Baum, keine Blumen, nichts, worauf sie sich hätte ausruhen können. Nur Wasser, wohin sie auch schaute. Aber wieder hatte Lilli Glück. Der Wind drehte und trieb sie ans Land zurück. Einen ganzen Tag blieb Lilli auf einem Schmetterlingsbusch sitzen, trank süßen Nektar und ruhte sich aus. Nie wieder wollte sie aufs Meer hinaus!

Ein paar Tage später ging es Lilli wieder gut
und sie fühlte sich sehr stark. Eine seltsame
Unruhe überkam sie. Da breitete sie ihre Flügel
aus und flog nach Norden. So schnell wie noch
nie zuvor schwebte sie durch die Lüfte. Wiesen
und Felder lagen unter ihr, Wälder und Flüsse,
Straßen und Städte. Ab und zu überholte sie
einen anderen Admiral-Falter, der ebenfalls auf
dem Weg nach Norden war.
Plötzlich tauchten hohe schneebedeckte Berge
vor Lilli auf. Eine Weile flatterte sie ratlos hin
und her, doch dann folgte sie einem grünen Tal,
fand immer neue Täler, immer neue Berge, bis
endlich, nach vielen Tagen, weites grünes Land
vor ihr lag. Lilli hatte die Alpen überwunden!

Damit war Lillis Reise aber noch nicht zu Ende. Einige Tage lang ruhte sie sich in einem Garten mit vielen duftenden Blumen aus. Aber es war kein guter Ort, denn der Zweibeiner, der dort wohnte, versuchte Lilli mit einem Netz zu fangen, weil sie so schön war.

Da flog Lilli schnell weiter, bis eines Morgens ein köstlicher Duft an ihr vorbeizog. Eigentlich waren es sogar zwei Düfte: süßer Baumsaft und das Parfüm eines Admiral-Herren. Lilli wurde ganz aufgeregt und flatterte sofort los. Die Düfte kamen ganz eindeutig von einem hohen Baum in einem Garten. Jemand hatte vom Baum ein paar dicke Äste abgeschnitten und aus diesen Schnittstellen lief leckerer Saft.

Es waren aber schon jede Menge anderer Schleckermäuler da: Fliegen, Wespen, ein Pfauenauge, Hummeln, Hornissen und ein besonders hübscher Admiral-Herr.

Lilli versuchte neben ihm zu landen, aber sie war so verwirrt, dass sie sich aus Versehen auf den Rücken einer Hornisse setzte. Die brummte ärgerlich, erhob sich drohend und Lilli flog blitzschnell eine ihrer schnellen Kurven. Bald hatte die Hornisse sie aber wieder vergessen, denn sie war ein bisschen beschwipst vom Baumsaft und außerdem war sie gerade mit dem Pfauenauge zusammengestoßen.

Beim zweiten Anflug schaffte es Lilli, neben dem bezaubernden Admiral zu landen. Er war sehr freundlich und gemeinsam schlürften sie den süßen Saft – es war wie im Paradies.

Lilli fand erst später heraus, dass dieses kleine
Paradies der Garten von Herrn Blume war.
Zunächst musste sie ein gefährliches Abenteuer
bestehen, denn sie und ihr Admiral hatten
Durst auf frisches Wasser und so gaukelten sie
verliebt und ein bisschen beschwipst zum Teich
am Waldrand. Sie setzten sich nebeneinander
auf ein Seerosenblatt und tauchten ihre Rüssel
ins Wasser. Da sprang ein grünes Ungeheuer
aus dem Schilf, eine lange klebrige Zunge
schnellte auf Lilli zu! Sie flatterte hin und her,
streifte mit einem Flügel das Wasser, schaffte es
mit letzter Kraft, ein bisschen höher zu fliegen,
und klammerte sich endlich an einen hohen
Schilfstängel. Quak, der Frosch, blies ärgerlich
seine Backen auf. Ein saftiger Schmetterling
wäre genau nach seinem Geschmack gewesen.

Als Lilli wieder trocken war, flog sie mit ihrem
Admiral in den Garten von Herrn Blume
zurück. Dort blieb sie den Sommer über und
genoss das Leben. Sie legte viele winzig kleine
Eier in das Brennnesselbeet von Herrn Blume.
Aus den Eiern schlüpften Raupen, die fraßen
und fraßen, bis sie sich schließlich verpuppten,
und dann ...

... schwirrte eines Tages der ganze Garten von Admiralen. Herr Blume war sehr glücklich, denn Admirale waren seine Lieblingsschmetterlinge. Er ließ auch extra das Fallobst im Gras liegen, denn er wusste, dass Admirale sehr gerne den Saft von matschigen Äpfeln, Birnen und Pflaumen naschen.

Obwohl Lilli sehr zufrieden war, erfasste sie wieder diese seltsame Unruhe, die sie schon einmal gespürt hatte. Die Nächte wurden kühler und länger, die Tage kürzer und es regnete häufig. Lilli und ihre Kinder mussten sich dann in trockene Ecken verkriechen – unter das Schuppendach, in geschützte Baumritzen oder unter die Blätter des wilden Weins.

Eines Tages wusste Lilli, was sie zu tun hatte. Sie breitete ihre Flügel aus und flog ganz gerade nach Süden. Ihr Admiral machte es genauso und die vielen Kinder folgten ihnen. So zog eine bunte Wolke aus Herrn Blumes Garten und bald konnte man sie nicht mehr sehen.

Herr Blume aber streichelte seine Katze und sagte: »Ach ja, jetzt ist der Sommer endgültig vorbei. Hoffentlich kommen sie alle im Frühling wieder, meine kleinen Schmetterlinge!«

Lilli ist ein Admiral, lateinisch »Vanessa atalanta«. Er gehört zu den Tagfaltern und die wiederum zu den »Lepidotera«, einer Ordnung der Klasse der Kerbtiere oder Insekten. Es gibt sehr viele Schmetterlinge auf der Erde – allein in Europa mindestens 22 000 Arten. Niemand weiß genau, wie viele es sind. Lilli ist ein Tagfalter, es gibt aber auch unzählige Nachtfalter. Selbst Motten gehören zu den Schmetterlingen.

Der Name »Schmetterling« hat einen lustigen Hintergrund. »Schmetter« kommt nämlich von Schmant und das ist dicker Sauerrahm. Früher dachte man, dass die naschhaften Schmetterlinge die Milch sauer machen. Sie wären demnach also »Rahmlinge«, deutlich wird das besonders im englischen Wort »Butterfly«, »Butterfliege«. Schmetterlinge gehören mit zu den schönsten Insekten, ihre bunten Flügel leuchten in allen Farben und wir Menschen freuen uns an ihnen. Sie stechen nicht und sind ganz harmlos. Ihre Raupen können aber an Pflanzen ziemlichen Schaden anrichten und Motten fressen gerne Löcher in Kleidungsstücke. Die Mehrzahl der Schmetterlinge schadet allerdings weder den Pflanzen noch anderen Tieren.

Schmetterlinge machen geradezu wunderbare Verwandlungen (Metamorphosen) durch. Das Weibchen klebt Eier unter Blätter oder in Baumritzen. Daraus schlüpfen kleine Raupen, die sehr viel fressen und sich mehrmals häuten. Nach einigen Wochen verwandelt sich die Raupe in eine Puppe und aus der wiederum schlüpft der Schmetterling (Imago).

Jeder Schmetterling hat seine spezielle Pflanzenart, von der die Raupe frisst. Beim Admiral sind es Brennnesseln oder Hopfen. Andere mögen zum Beispiel frische Weidenblätter (Kleiner Gabelschwanz) oder Wolfsmilch (Wolfsmilchschwärmer) lieber. Schmetterlinge brauchen viel Flüssigkeit, weil sie leicht austrocknen. Man kann sie deshalb häufig an Pfützen beim Trinken beobachten.

Admirale sind Wanderschmetterlinge, die große Strecken zurücklegen. Sie erreichen dabei Geschwindigkeiten von 40 bis 60 Kilometer pro Stunde. Admirale ziehen jedes Jahr vom Mittelmeer bis nach Nordeuropa und im Herbst dann wieder zurück.

Wie alle Schmetterlinge haben auch Admirale viele Feinde und müssen deshalb sehr auf der Hut sein. Vögel, Käfer, Spinnen, Eidechsen, Frösche und Gottesanbeterinnen sind hinter Schmetterlingen her. Viele überleben den ersten Sommer nicht oder erfrieren in den Wintermonaten. Die Eier aber und viele der Puppen können die Kälte gut überstehen.

Auch wir Menschen machen es den Schmetterlingen nicht gerade leicht, da es kaum noch Wildblumenwiesen gibt. Auch Ackergifte sind für sie sehr gefährlich. Helfen kann man ihnen, wenn man im Garten eine Ecke für Brennnesseln stehen lässt, Schmetterlingsbüsche (Buddleia) pflanzt oder eine Wildblumenwiese anlegt. Und wer im Herbst das Fallobst liegen lässt, kann sich an den wunderschönen Admiralen freuen, die am süßen Obstsaft saugen.